C'EST PLUS FORT QUE TOI !

Guide des faits étranges et étonnants du comportement humain

Jeff Szpirglas

Traduction de Josée Latulippe

Catalogage avant publication de Bibliothèque et Archives nationales du Québec et Bibliothèque et Archives Canada

Szpirglas, Jeff

C'est plus fort que toi! : Guide des faits étranges et étonnants du comportement humain

(Bizarre bazar)
Traduction de: You just can't help it!.
Comprend un index.
Pour les jeunes de 9 à 13 ans.

ISBN 978-2-89579-380-9

1. Comportement humain – Ouvrages pour la jeunesse. 2. Sens et sensations – Ouvrages pour la jeunesse. I. Holinaty, Josh. II. Titre. III. Collection: Bizarre bazar.

BF199.S9614 2011   j150.19'43   C2011-940809-0

Dépôt légal – Bibliothèque et Archives nationales du Québec, 2011
Bibliothèque et Archives Canada, 2011

Titre original: *You Just Can't Help It! Your Guide to the Wild and Wacky World of Human Behavior*
de Jeff Szpirglas (ISBN 978-1-926818-08-5) © 2011 Maple Tree Press (Owlkids Books Inc.)

Direction: Andrée-Anne Gratton
Traduction: Josée Latulippe
Révision: Sophie Sainte-Marie
Texte: © 2011 Jeff Szpirglas
Conception artistique: Clayton Hanmer
Illustrations: © 2011 Josh Holinaty (pages 4, 14-15, 30-31, 40-41, 58-59, 62)
Mise en pages: Danielle Dugal

© Bayard Canada Livres inc. 2011

La traduction de cet ouvrage a été faite grâce à la généreuse contribution du Conseil des Arts du Canada, par son programme de soutien financier à la traduction.

Nous reconnaissons l'aide financière du gouvernement du Canada par l'entremise du Fonds du livre du Canada (FLC) pour des activités de développement de notre entreprise.

Conseil des Arts   Canada Council
du Canada   for the Arts

Bayard Canada Livres inc. remercie le Conseil des Arts du Canada du soutien accordé à son programme d'édition dans le cadre du Programme des subventions globales aux éditeurs.

Cet ouvrage a été publié avec le soutien de la SODEC. Gouvernement du Québec – Programme de crédit d'impôt pour l'édition de livres – Gestion SODEC.

Bayard Canada Livres
4475, rue Frontenac, Montréal (Québec) Canada H2H 2S2
Téléphone: 514 844-2111 ou 1 866 844-2111
Télécopieur: 514 278-0072
edition@bayardcanada.com
www.bayardlivres.ca

Imprimé au Canada

Table des matières

A-OK!

CROIS-MOI : C'EST PLUS FORT QUE TOI !

Jeff

Je m'appelle Jeff et j'aime les choses étranges : les films d'horreur, les reptiles, les insectes, enseigner au primaire, et j'en passe ! C'est probablement parce que je *suis* étrange. Mais tu l'es, toi aussi. Et ce livre t'explique pourquoi.

Tout a commencé quand j'étais jeune. En faisant du ménage au sous-sol, j'ai trouvé un vieux livre intitulé *Le singe nu*, écrit par Desmond Morris. (Non, il n'y a pas de vrais singes nus dans le livre. Désolé.) Il nous arrive, de temps en temps, de tomber sur quelque chose qui transforme complètement notre façon de voir le monde. C'est ce que *Le singe nu* a fait pour moi. Morris, un zoologiste, avait décidé de nous considérer, nous, les humains, et nos comportements de tous les jours, du point de vue d'un chercheur qui étudie les animaux. C'était la première fois que je voyais les choses sous cet angle.

Des années plus tard, alors que j'étais enseignant, j'ai pris conscience que je n'avais jamais trouvé de livre semblable, destiné aux jeunes. Cela m'a inspiré et j'ai décidé d'écrire un livre sur le comportement humain. Facile à dire! Il m'a fallu quelques années à parcourir Internet, des après-midi à feuilleter d'épaisses revues spécialisées dans de vieilles bibliothèques poussiéreuses et bien des heures passées à communiquer avec des experts aux quatre coins de la planète, au téléphone et par courriel. J'ai découvert que l'un des avantages à écrire un livre comme celui-ci est la possibilité d'être en contact avec des gens dont le métier consiste à faire des choses bizarres, comme renifler des couches qui sentent mauvais ou étudier les mouvements d'une vague à l'occasion d'une manifestation sportive.

Tu peux considérer le résultat de tout cela, ce livre, comme ton guide officiel sur TOI et sur TES RÉACTIONS ÉTRANGES ET ÉTONNANTES, un livre sur la science qui sous-tend le comportement humain. La science peut expliquer nos façons d'agir en tant qu'individus (même la façon dont tu es assis, en ce moment, pour lire ce livre) et en tant que membres d'une société (comme la distance minimale à conserver entre toi et un étranger pour que tu te sentes à l'aise). Tu crois peut-être que tu as le contrôle sur tout ce que tu fais, mais, après avoir lu ce livre, j'espère que tu auras changé d'avis.

Ne t'inquiète pas, ce livre n'est pas *que* scientifique. Je te promets qu'il y aura aussi quelques blagues stupides et des dessins loufoques. C'est plus fort que moi. Après tout, je ne suis qu'un être humain. Comme toi. Et être humain, c'est une chose assez délirante.

L'OUÏE

LE GOÛT

LE TOUCHER

L'ODORAT

LA VUE

Chapitre 1

LES SENS EN ÉVEIL

Le monde est un endroit immense et parfois effrayant. Heureusement que tu es fait pour réussir à y trouver un sens en te servant de (tu as deviné!) tes sens. Tu sais, ces parties de ton corps qui reçoivent des messages de ce qui se passe autour de toi et qui y répondent. Le temps est venu d'examiner cela plus en détail, soit les cinq célèbres sens : le toucher, le goût, la vue, l'ouïe et l'odorat.

En ce moment, tu es en train de lire ce livre (enfin, je l'espère). Ton sens du toucher te dit que tu peux prendre le livre avec tes mains sans aucun danger, mais pas un porc-épic. Ton sens de la vue révèle les lettres, les couleurs et les dessins. Je suppose que tu pourrais aussi découvrir le goût de ce livre. Mais je ne te le conseille pas.

Continue à lire, et tu découvriras les autres fonctions de tes sens. Comment t'aident-ils au juste à être en relation avec d'autres personnes, par exemple grâce au contact visuel pendant une conversation? Comment tes sens te permettent-ils de rester en sécurité et en bonne santé, par exemple en t'empêchant de manger des aliments avariés ou de te coucher pour faire la sieste sur un bon feu de camp? Et, bien sûr, nous résoudrons cette sempiternelle question : pourquoi ne devrais-tu pas jouer avec un gorille à celui qui baissera les yeux le premier?

QU'EST-CE QUE TU REGARDES ?

En ce moment même, en lisant ces mots, tu te sers du sens de la vue. Tes yeux te permettent d'assimiler des tas de renseignements sur le monde qui t'entoure. Commençons par cette page.

Le pouvoir des pupilles

Les pupilles, les cercles foncés au centre de tes yeux, se dilatent (s'ouvrent) pour laisser entrer plus de lumière quand tu te trouves dans un endroit plus sombre. Elles se contractent (se ferment) quand la lumière est trop vive. Tes pupilles se dilatent aussi quand tu es vraiment intéressé par quelque chose. Cela fait partie de la réponse automatique de ton corps quand tu es excité. Alors la prochaine fois que ton ami et toi vous apprêterez à plonger du haut de la piste dans les montagnes russes, observe bien les yeux de ton ami.

Les yeux dans les yeux

Tu ne fais peut-être pas grand cas du contact visuel quand tu parles avec quelqu'un, mais les scientifiques, eux, s'y intéressent. Ils ont découvert que, dans la plupart des conversations, nous échangeons de temps en temps des regards, pendant deux ou trois secondes. Regarder l'autre dans les yeux lui montre que nous le comprenons et que ce qu'il dit nous intéresse. Cela nous aide aussi à savoir quand c'est à notre tour de parler. Il arrive que nous quittions du regard la personne à qui nous parlons ; cela nous aide à comprendre ce que nous entendons et à nous rappeler des choses, comme un souvenir.

Baisse les yeux

Est-ce qu'on t'a déjà dit qu'il était impoli de fixer les gens du regard ? Eh bien, d'autres animaux, comme les gorilles, qui ont plusieurs expressions faciales semblables aux nôtres, ne fixent habituellement pas les autres. Dans le monde des gorilles, fixer quelqu'un est considéré comme une menace et même comme un défi à engager le combat.

DUEL DE REGARDS !

FACE À FACE

Il suffit d'une demi-seconde pour repérer un visage familier dans une foule. En effet, les êtres humains peuvent facilement reconnaître la disposition des yeux, de la bouche et du nez dans un visage. Quand nous regardons un visage à l'envers, toutefois, les choses se compliquent; dans ces conditions, il est plus difficile de lire les expressions. Alors qu'est-ce qui se produit quand des scientifiques commencent à faire des expériences avec des photos de visages? Tu as deviné : ils s'amusent! Un psychologue a utilisé la photo d'une personne connue, a découpé les yeux et la bouche, les a retournés et les a placés sur le visage. Puis il a tourné toute la photo. Quand on regarde l'image à l'envers, on a de la difficulté à percevoir que quelque chose cloche. Jusqu'à ce qu'on replace la photo à l'endroit. Alors le visage devient vraiment bizarre. Tu veux essayer?

> Bonjour. Ne suis-je pas particulièrement beau, même à l'envers?

ESSAIE CECI

> Je suis toujours beau, n'est-ce pas? Maintenant, tourne le livre pour que je me retrouve à l'endroit. Attention, tu n'aimeras peut-être pas ce que tu verras.

Tu as sûrement déjà eu l'impression d'être observé. Un regard trop insistant peut rendre une personne (ou un gorille) mal à l'aise. C'est ce qui s'est produit dans le cadre d'une expérience : une personne s'est assise sur le trottoir, à une intersection très achalandée, et s'est mise à fixer les automobilistes arrêtés au feu rouge. Les conducteurs qui se sentaient observés non seulement détournaient le regard, mais ils partaient souvent plus rapidement que les autres quand le feu passait au vert. Tourlou!

ATTENTION !
MISE EN GARDE

Ce livre, comme la plupart des gens, n'aime pas qu'on le fixe trop longtemps. Auras-tu le courage de découvrir ce qui se produit quand tu ne le quittes pas des yeux? On t'aura prévenu...

Parmi les effets secondaires liés au fait de fixer trop longtemps ce livre, mentionnons les vertiges et une vision trouble. Dans de rares cas, le livre pourrait attaquer.

UN MONDE EN COULEURS

Les humains ont une vision en trois dimensions et en couleurs. La plupart d'entre nous peuvent distinguer près de 10 millions de teintes de couleurs. Mais as-tu déjà réfléchi à ce que tu ressentais en regardant certaines couleurs?

Une théorie colorée

Du lever au coucher du soleil, et tout au long de la nuit, nous sommes entourés de diverses couleurs. D'après l'une des théories sur les couleurs, les teintes brillantes de jaune et d'orangé de l'aurore stimulent notre corps, alors que le bleu foncé du ciel au crépuscule a le pouvoir de nous calmer. La couleur et la lumière nous atteignent sous la forme d'ondes. Une couleur chaude comme l'orangé a une plus grande longueur d'onde qui, selon une théorie non démontrée, nous éveille, augmentant notre capacité à fonctionner pendant le jour. Les couleurs plus froides comme le vert ont une longueur d'onde plus courte, ce qui nous fait relaxer.

Coucou! Je suis un CARRÉ JAUNE!

Je suis tout à fait excitant!

Regarde-moi. Je suis jaune!

C'est excitant?! Regarde combien de points d'exclamation j'utilise!?!

Tu devrais aller faire un peu d'exercice! Maintenant!!!

Hé, toi! Je suis un carré bleu. Je suis vraiment calme. On se relaxe. D'accord?

Une pause ROSE

Une teinte de rose appelée «rose Baker-Miller» a fait l'objet de tests pour déterminer son effet apaisant. En Angleterre, des cellules de détention pour jeunes contrevenants ont été peintes de cette couleur: des chercheurs universitaires tentaient d'établir si cette teinte de rose calmait les prisonniers. Et au stade Kinnick, à Iowa City, l'entraîneur de l'équipe de football locale a fait peindre en rose le vestiaire du club visiteur. Il espérait que la couleur détendrait tellement les équipes adverses que cela faciliterait, par le fait même, les victoires de son équipe. La couleur a semblé avoir un effet, mais pas vraiment apaisant. Certains clubs visiteurs étaient tellement contrariés par le rose qu'ils en perdaient leur concentration... et leurs parties.

Vive l'équipe
des rouges

La couleur de ton uniforme a-t-elle une incidence sur tes chances de gagner? Des chercheurs ont testé cette théorie en regardant les épreuves de combat aux Jeux olympiques, comme la boxe et la lutte. Quand les athlètes étaient de forces égales, ceux qui portaient un uniforme rouge gagnaient plus souvent que ceux vêtus de bleu. Des chercheurs ont aussi examiné les résultats des parties de soccer en Angleterre sur plus de 50 ans. Ils ont découvert que les équipes portant un uniforme rouge gagnaient plus souvent que prévu. Le fait que notre peau rougisse lorsque nous sommes en colère nous a peut-être appris que le rouge est signe de danger, de domination ou d'agression.

ALLEZ, LES ROUGES!

OUI, ceci est un CARRÉ ROUGE!

Pratiqueras-tu un sport de compétition dans les prochaines minutes? As-tu besoin d'une longueur d'avance? Il te suffit de placer l'échantillon de rouge pur à 100% de *C'est plus fort que toi!* devant ton adversaire, et la victoire sera garantie*!

* Rien ne garantit que la victoire sera tienne.

De savoureuses couleurs

Les couleurs n'ont pas seulement un effet sur notre façon de voir les choses. Les couleurs de nos aliments influencent aussi nos sens du goût et de l'odorat. Dans le cadre d'une expérience, des gens ont affirmé qu'une boisson orangée avait un goût d'orange, alors qu'il s'agissait d'une boisson aux cerises. Dans une autre expérience, le fait de donner à un liquide une couleur rouge plus ou moins intense avait une incidence sur la perception que les gens avaient d'un goût plus ou moins sucré. D'autres études ont démontré que plus les aliments ont des couleurs vives, plus les gens trouvent qu'ils sentent bon.

ES-TU UN ANIMAL?
LA GRENOUILLE DENDROBATE

Quand tu vois une pancarte jaune et noire, tu sais qu'elle est là pour te prévenir d'un danger. Les rayures noires et jaunes des abeilles et des guêpes ont le même effet. Elles sont un avertissement: «Attention! Je peux te faire mal!»

Quand les taches aux couleurs vives d'un animal jouent un rôle de mise en garde, on parle de coloration aposématique. C'est le cas chez la grenouille dendrobate d'Amérique du Sud et d'Amérique centrale. Ces grenouilles tropicales sont si petites qu'elles seraient difficiles à voir autrement. Elles sont peut-être mignonnes, mais n'y touche surtout pas. La peau de ces amphibiens produit une toxine. L'une des espèces de dendrobates contient suffisamment de poison pour tuer plusieurs humains adultes.

SENS ÇA !

Tu vis dans un monde complètement submergé d'odeurs et de saveurs. Certaines sont agréables, mais d'autres sont carrément dégoûtantes. Et ce que tu sens et goûtes peut vraiment entraîner chez toi des comportements intéressants.

Tes premières odeurs

Le nez d'un fœtus se forme après seulement 15 semaines dans le ventre de la mère. Après 20 semaines, les nerfs responsables de l'odorat se développent. À la naissance, le bébé utilise son odorat pour reconnaître sa mère ; ce sens contribue à créer un lien entre le nouveau-né et la maman. Comme les humains viennent au monde totalement démunis, sans défense, ce lien revêt une grande importance pour leur survie. Les scientifiques savent que les petits d'autres animaux utilisent leur odorat. Les souriceaux aveugles, par exemple, dépendent de leur odorat pour trouver le lait de leur mère et ne pas mourir de faim.

snif snif

1000

La muqueuse nasale d'une souris contient environ 1 000 types de récepteurs olfactifs.

450

Le nez humain n'a environ que 450 types de récepteurs olfactifs.

Une grimace de dégoût

Quand tu sens quelque chose comme des aliments moisis ou des toilettes dont on n'a pas actionné la chasse, il est fort probable que ton dégoût s'affiche sur ton visage. L'un des muscles de ton visage, le muscle releveur naso-labial, est responsable de l'expression caractéristique du dégoût. Il rétrécit les voies nasales (pour que tu respires le moins possible ce qui pourrait être une odeur toxique), plisse le nez et forme une moue avec la lèvre supérieure pour indiquer aux autres de ne pas s'approcher. Si l'odeur provient d'aliments rances, la réaction contribue à faire en sorte que tu ne sois pas tenté de les manger, t'évitant ainsi d'être malade.

Dégoûtant !

La grimace que tu fais quand tu es dégoûté peut aussi être déclenchée à la vue d'images répugnantes, comme une plaie ensanglantée ou des excréments. Elle peut même être provoquée quand tu te retrouves dans une situation qui t'apparaît injuste, comme lorsqu'on ne t'impose pas les mêmes règlements qu'aux autres.

Sentir la saveur

Entre des bonbons et des légumes, que choisirais-tu? La plupart des enfants opteraient pour les bonbons. Déjà dans le ventre de ta mère, tu avais peut-être des envies de sucre. Des études ont démontré qu'un fœtus de 15 à 20 semaines absorbe plus de liquide lorsque celui-ci contient du sucre qu'il peut goûter, et moins de liquide en présence d'une substance amère.

Il y a sur ta langue des milliers de récepteurs chimiques, appelés «papilles gustatives». Si elles ne sont que quelques-unes à capter le sucré, des douzaines détectent les saveurs amères.

Sentir l'humeur

As-tu déjà mangé suffisamment d'ail pour faire fuir toutes les personnes qui sentaient ton haleine? Un scientifique s'est rendu dans un centre commercial pour déterminer si les bonnes odeurs ont l'effet inverse. Lui et son équipe ont repéré les secteurs du centre commercial où régnaient des odeurs agréables (par exemple près du comptoir de brioches à la cannelle). Ils ont ensuite laissé tomber des stylos ou ont demandé de la monnaie à différents endroits. D'après leurs observations, les clients étaient plus susceptibles de s'arrêter pour les aider dans les secteurs qui sentaient bon. Une autre enquête a révélé que l'humeur des gens s'améliore près d'odeurs «agréables».

Le goût et l'odorat sont étroitement liés. Tu n'as qu'à penser à quel point il est difficile de goûter ce que tu manges quand tu as un rhume et le nez congestionné.

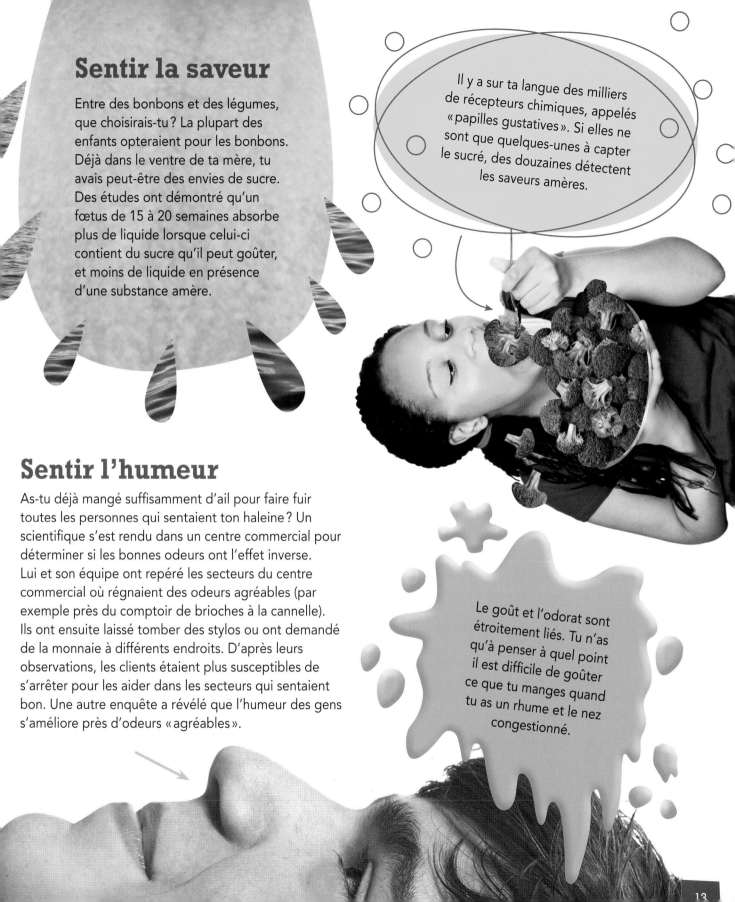

UNE ÉTUDE AMUSANTE : J'AIME CES COUCHES !

EXPÉRIENCE

On a demandé à 13 mamans de participer à une étude et d'apporter au laboratoire une couche contenant des selles fraîches, dans un sac de plastique scellé.

QUESTION

Des scientifiques australiens se sont demandé : *Les mamans préfèrent-elles l'odeur du caca de leur bébé à celui des autres enfants ?*

OBSERVATION

Pas besoin d'un diplôme d'études supérieures en sciences pour savoir que les selles ne sentent pas bon. Notre réaction devant des excréments – détourner le regard, dégoûtés, en refermant les narines – est un comportement qui nous protège des bactéries toxiques contenues dans les matières fécales. Mais les scientifiques soutenaient que, comme les mères de nouveau-nés doivent composer avec des tas de choses dégoûtantes – vomi, urine et excréments –, il fallait qu'elles soient capables de surmonter leur dégoût.

ÉTAPE 1

La maman A met la couche de son bébé dans un sac pour l'apporter au laboratoire.

ÉTAPE 2

Un scientifique recueille les couches apportées par la maman A et les autres mères.

ÉTAPE 3

Le scientifique place deux sacs dans des seaux de plastique identiques, au couvercle troué. L'une des couches est celle du bébé de maman A, et l'autre, celle d'un bébé étranger.

ÉTAPE 4

Le scientifique ferme les seaux.

Ahhh! l'odeur de la science!

Excellent!

ÉTAPE 5

La maman A renifle les deux seaux. Lequel est le plus dégoûtant?

couche du bébé A

couche du bébé B

Parfait!

ÉTAPE 6

Refaire l'expérience. Cette fois, identifier les seaux.

couche du bébé A

couche du bébé B

ÉTAPE 7

Refaire l'expérience. Cette fois, inverser les étiquettes sur les seaux pour qu'ils soient mal identifiés.

DES SEMAINES PLUS TARD

couche du bébé A

Ne pas oublier de vider les seaux!

RÉSULTATS

Les mamans avaient tendance à trouver l'odeur de la couche de leur bébé moins dégoûtante que celle des autres bébés, tant quand les seaux n'étaient pas identifiés que quand correctement identifiés.

RÉSUMÉ

Pourquoi les mamans toléraient-elles davantage la mauvaise odeur de leur propre bébé?

Peut-être que, en côtoyant de près son bébé, chaque maman s'était tout simplement habituée à l'odeur de celui-ci. Ou peut-être que les selles d'un bébé revêtent certains «liens de parenté» avec sa maman. Si l'odeur des excréments de son bébé est familière à la maman, lui semble-t-elle moins dégoûtante que celle provenant d'excréments «étrangers»?

ÉCOUTE LA NOUVELLE

ÉCOUTE LA NOUVELLE

Ferme les yeux une minute (euh, après avoir lu le reste de cette phrase) et mets-toi à l'écoute des sons qui t'entourent: la voix de ton père, un refrain publicitaire agaçant à la télé, une tondeuse à gazon, la cloche de l'école… Où que tu sois, tes oreilles captent tous les sons qui résonnent autour de toi.

Varier le ton

Dans une conversation, une personne ajuste habituellement le ton de sa voix, ainsi que le volume et la tonalité, dans ce que les chercheurs appellent le «paralangage». Souvent, ces ajustements de la voix et du ton en disent long sur celui ou celle qui contrôle une conversation. Les gens qui possèdent moins de «pouvoir» tendent à varier plus souvent la fréquence de leur voix, car ils essaient sans le savoir de copier la fréquence de la voix des personnes plus dominantes. Essaie d'écouter un ami parler avec le directeur ou avec une connaissance qu'il tente d'impressionner. La voix de ton ami est-elle différente quand vous jasez, toi et lui, dans la cour d'école?

Pleure, bébé !

Ils ont beau être mignons, quand les bébés se mettent à pleurer, ça n'a rien d'un son apaisant. Nos oreilles sont très sensibles aux bruits dynamiques et aigus qui peuvent changer, comme le hurlement de la sirène d'une ambulance. Certains chanteurs d'opéra se servent d'une technique appelée le «formant» du chanteur, qui consiste à élever la voix dans un registre supérieur, de façon à être entendus sans micro parmi tout un orchestre. Le cri d'un nouveau-né peut aussi atteindre les gammes de sons les plus élevées qui peuvent être captées par l'oreille humaine. Les bébés naissent avec cette technique de survie. Comme ils sont totalement dépendants, leurs cris leur permettent d'attirer l'attention sur leurs besoins, à toute heure du jour et de la nuit.

Quel son est le plus désagréable ?

a Un bébé qui pleure.
b La sirène d'une ambulance.
c Un chanteur d'opéra.

Respectons le rythme

La musique peut-elle contrôler ton esprit ? Certaines boutiques et certains centres commerciaux choisissent des musiques d'ambiance qui, espèrent-ils, leur permettront d'augmenter les ventes. Un chercheur a testé l'effet sur les clients d'une musique rapide (94 temps par minute ou plus) et d'une musique lente (moins de 72 temps par minute). Quand la musique au tempo lent jouait, les clients se déplaçaient moins vite que lorsqu'il n'y avait pas de musique, et beaucoup plus lentement qu'au son des chansons rapides. Les ventes moyennes ont augmenté de plus de 38 % avec la musique lente. Il semble que, avec ce genre de musique, les clients restent plus longtemps dans la boutique et finissent par acheter plus de choses.

TOUCHANT !

Le toucher est un sens très puissant. Il est principalement utilisé par la peau, le plus grand organe du corps humain. D'autres parties du corps – la langue, la bouche, l'intérieur du nez – se servent aussi de la sensation tactile. Où serions-nous sans notre sens du toucher ?

Doubles chatouilles

À la fin des années 1800, des scientifiques ont déterminé qu'il existait deux types de chatouillements. Ceux du premier type seraient plus légers, semblables à la sensation provoquée par une plume qu'on passerait sur ton bras. Plusieurs mammifères les ressentent : le cheval, par exemple, dont la peau frémit quand une mouche vient s'y poser. Les chatouillements du deuxième type sont ceux qui provoquent le rire. On les a observés uniquement chez les humains et chez certains primates, comme les chimpanzés.

x2

ho ! ho !

ha ! ha !

hi ! hi !

Les chatouilles : bonnes ou mauvaises ?

Un bon chatouillement peut réussir à te faire éclater de rire. Mais parfois, la personne qui chatouille ne veut tout simplement pas arrêter. Pourquoi le chatouillement peut-il être à la fois agréable et désagréable ? Un psychiatre a suggéré que les endroits de notre corps les plus sensibles aux chatouilles (l'estomac, les côtés du torse) sont situés dans des parties du corps que nous souhaitons protéger en cas de situations dangereuses, comme une bataille, ce qui nous amènerait à rester sur nos gardes.

ESSAIE ÇA !

L'un de nos plus grands penseurs, Aristote, posa jadis une question importante :

Pourquoi ne peut-on pas se chatouiller soi-même ?

Un bon chatouillement, du second type, celui qui te fait rire, ne fonctionne que si quelqu'un d'autre te chatouille. C'est en partie à cause de l'importance de l'effet de surprise. Dans des expériences, les gens riaient plus fort lorsqu'ils avaient les yeux fermés quand on les chatouillait. Tu crois toujours être capable de te chatouiller et de provoquer un fou rire ? Vas-y, essaie !

Les premiers baisers ?

T'es-tu déjà demandé comment et pourquoi nous avons commencé à échanger des baisers ? Certains scientifiques ont tenté de répondre à ces questions en étudiant le comportement alimentaire des oiseaux. Souvent, la mère régurgite des aliments dans le bec de ses oisillons qui ne peuvent quitter le nid. Nos baisers ont-ils commencé de la même façon ? Aux temps préhistoriques, avant l'apparition des purées pour bébés, les mères humaines mâchaient probablement des aliments pour leurs bébés, les transférant ensuite de leur bouche à celle de leur petit. Quand les bébés commençaient à manger des aliments ordinaires, les baisers avaient peut-être évolué entre la mère et son enfant comme une marque de réconfort ou d'affection.

Bisou, bisou

S'embrasser, c'est bien, c'est mal ou complètement dégoûtant ? Près de 90 % de la population du monde donnent des baisers, ce qui veut dire que 10 %, soit environ 650 millions de personnes, n'en donnent pas. Avant de tendre les lèvres, jette un coup d'œil sur ces faits relatifs aux bisous :

Bien

- fait travailler 30 muscles des lèvres ;
- crée un lien entre parents et enfants.

Dégoûtant

- tu transfères de la salive et du mucus ;
- des millions de bactéries ont la possibilité de passer d'une personne à une autre.

Inusité

- pour embrasser, deux fois plus de gens tournent la tête vers la droite que vers la gauche.

LE CHAT

La moustache de ton oncle Gilbert lui donne un air sympathique, mais ses poils l'aident-ils à percevoir son environnement ? Pas aussi bien que les moustaches d'un chat.

Les chats ont environ 24 poils épais et flexibles sur la lèvre supérieure. La base de ces moustaches est située à proximité de récepteurs sensoriels spécialisés, ce qui les rend suffisamment sensibles pour percevoir un changement dans la brise. Les chats apprennent que, s'ils arrivent à entrer la tête dans une ouverture étroite sans toucher leurs moustaches, ils pourront y passer le reste du corps. Et comme les chats voient très mal de près, leurs moustaches les aident aussi à sentir les mouvements et l'emplacement de leur proie quand celle-ci est trop proche pour qu'ils la distinguent clairement.

Chapitre 2

DANS TOUS TES ÉTATS !

Pense à tous les états et à toutes les émotions que tu as vécus au cours des 24 dernières heures. As-tu passé une nuit remplie de rêves ? Quand ton réveil a sonné, as-tu sauté du lit ou bien t'es-tu recroquevillé sous tes couvertures ? As-tu eu un énorme fou rire avec tes copains ? As-tu eu l'estomac noué avant un gros examen ?

Les états et les émotions que tu éprouves sont importants. Des industries complètes sont basées sur eux, comme l'industrie du bonheur (des humoristes aux séries télé comiques) et celle de la peur (comme les montagnes russes et les films d'horreur). Il n'est pas toujours facile de contrôler ces états, et certains, tel le sommeil, sont tout simplement inévitables.

Veux-tu en savoir plus sur les états et les réactions par lesquels ton corps passe au cours d'une journée ? Les pages qui suivent te feront peut-être hurler de peur. Elles te feront peut-être éclater de rire. Il se pourrait même qu'elles t'arrachent quelques larmes. Espérons qu'elles ne t'endormiront pas. Ouvre bien grand les yeux et continue à lire !

LA PEUR !

Est-ce que ton cœur bat à tout rompre quand tu te tiens au bout d'un haut tremplin ou devant la classe ? La peur est une émotion qui provoque une réaction physique. Le temps est venu de découvrir à quoi ressemble la peur…

Les yeux

Les expressions de surprise ou de frayeur sont celles qui laissent voir la plus grande partie du blanc des yeux. (Les expressions de bonheur et de dégoût sont celles qui en montrent le moins.) Voir le blanc des yeux d'une autre personne nous met en garde : nous devrions avoir peur, nous aussi.

AFFRONTE TA PEUR

Regarde-toi dans le miroir et essaie d'afficher ta plus belle expression de peur. Que vois-tu ?

Le nez

Des études ont démontré que la peur fait en sorte que les narines s'ouvrent plus grand, ce qui te permet de respirer plus aisément et d'absorber plus d'oxygène, au cas où tu aurais besoin de t'enfuir en courant.

La bouche

Quand tu as peur, tu ouvres bien grand la bouche et tu étires les lèvres. C'est un signe que nous reconnaissons chez les autres comme une expression de peur.

Voir la peur

Dans une expérience, des volontaires qui simulaient des expressions de peur avaient un champ de vision plus large. Ils pouvaient distinguer plus de choses autour d'eux, parce que leurs yeux, ouverts plus grand, étaient capables de balayer leur champ de vision. Être en mesure de voir ce qui te fait peur te permet peut-être de décider si tu dois affronter ta peur ou t'enfuir.

Une messagerie instantanée

Quand tu vois quelque chose qui t'effraie, une structure placée au fond de ton cerveau, appelée « amygdale », t'aide à reconnaître le danger. À l'aide d'une autre partie de ton cerveau, l'hypothalamus, un message d'alerte est envoyé à toutes les parties de ton corps, leur demandant de réagir à une expérience terrifiante. Et ton cerveau ne perd pas de temps. Le tout se produit en quelques millièmes de seconde. Pas mal, comme messagerie instantanée !

Rester ou partir ?

Quand tu es en état de panique, ton corps se prépare soit à rester pour se battre, soit à s'enfuir, et vite ! Tous les animaux possèdent cette capacité de réponse innée : « affronter ou fuir ». Environ 30 produits chimiques sont relâchés dans ton sang pour te rendre super vigilant. Le rythme cardiaque s'accélère et les vaisseaux sanguins se dilatent (grossissent) pour envoyer plus de sang dans certaines parties du corps, comme le cerveau et les muscles. Il se peut aussi que tu restes figé sur place. Tes muscles tendus sont prêts à affronter ou à fuir.

LE RIRE

LE MEILLEUR REMÈDE ?

HA! HA!

Bien avant de savoir te déplacer à quatre pattes, marcher ou parler, tu savais rire. Tes parents n'ont pas eu besoin de t'apprendre à rire. En effet, rire est une chose que les humains font naturellement. Et la meilleure façon de rire, c'est de rire avec d'autres.

HA! HA!
HA! HA!
HA! HA!

Rire pour la forme

Rire n'équivaut pas exactement à courir un marathon, mais plusieurs recherches indiquent que ça peut vraiment te faire du bien. En riant de bon cœur, tu nettoies tes voies respiratoires et tu détends les muscles tendus. Alors vas-y, entraîne-toi à rire dès aujourd'hui !

Rire fait baisser ta pression sanguine, améliore la circulation et le fonctionnement du muscle cardiaque.

HA! HA!
HA! HA!

100 = 10 ?

Un spécialiste du rire a suggéré que rire de 100 à 200 fois par jour procurerait à ton corps le même entraînement que si tu ramais pendant 10 minutes.

Selon l'ampleur de ton rire, il se peut que tu utilises tes jambes, tes bras et les muscles du dos.

Ton système immunitaire, qui te permet de rester en santé, est stimulé par le rire.

Le rire est contagieux

Les gens sont plus susceptibles de rire quand ils entendent d'autres personnes rigoler. C'est pourquoi les séries télévisées invitent souvent des gens à leurs enregistrements en studio, pour que les téléspectateurs entendent les réactions du public et rient en même temps que lui. Mais les rires surviennent aussi sans public. En 1950, les téléspectateurs qui regardaient *The Hank McCune Show* ont entendu les premiers rires préenregistrés au monde, aussi connus sous le nom de « rires en boîte ». Ces enregistrements de rires étaient produits par un appareil appelé « Laff Box », qu'on pouvait jouer comme d'un piano pour produire différents types de rires.

HA! HA! HA! HA!

LA HYÈNE

Les humains ne sont pas la seule espèce capable de rire. On a déjà observé le rire de plusieurs primates, comme les chimpanzés et les orangs-outans.

Toutefois, si jamais tu te trouves au cœur des plaines africaines du Serengeti et que tu entends « rire » une hyène tachetée, ce n'est pas parce qu'elle vient de voir une girafe glisser sur une pelure de banane. Ce son aigu et caractéristique signifie que la hyène est grandement stressée. Il est fort probable qu'elle soit pourchassée ou attaquée, habituellement par d'autres hyènes qui tentent de lui voler sa nourriture. Et ce n'est pas une blague.

L'EXPÉRIENCE À FAIRE TOI-MÊME

Peux-TU faire rire quelqu'un?

Tourne-toi vers la personne la plus près de toi. Demande-lui de rire. Si elle te regarde bizarrement, tu n'as qu'à lui dire que tu réalises une expérience scientifique.

[ATTENDS ET OBSERVE CE QUI SE PASSE...]

Et puis? Que s'est-il passé? La personne s'est-elle mise à rire? Était-ce convaincant? Un vrai rire ne peut pas être forcé. Le rire, comme les pleurs, est instinctif. La plupart des gens ne réussissent pas à bien rire sur commande.

UNE AUTRE BONNE DOSE DE RIRE

HA! HA!

Tu cherches encore à rire ? Tu es au bon endroit. Voici ton guide pratique sur le langage du rire.

Une pause avant de rire

As-tu déjà remarqué qu'on – ha ! ha ! ha ! – ne se met habituellement pas – ha ! ha ! ha ! – à rire en plein milieu – ha ! ha ! ha ! – d'une phrase ? La plupart des rires se produisent pendant des pauses du discours, là on l'on utilise généralement la ponctuation, comme cette virgule, ou ce point. Les gens qui étudient le rire appellent cela l'« effet de ponctuation ».

Dans le cadre d'une étude, on a examiné l'effet de ponctuation dans les conversations de personnes malentendantes qui utilisaient le langage des signes ASL (American Sign Language). Ces personnes pouvaient rire à n'importe quel moment d'une phrase signée. Comme elles n'utilisent pas leurs cordes vocales, elles n'ont pas besoin d'attendre une pause dans le discours pour rire. Malgré tout, les malentendants riaient près de trois fois plus pendant les pauses. Eux aussi attendaient donc des pauses naturelles pour rire.

Rires recherchés

Un chercheur du rire et ses assistants se sont rendus dans des lieux publics comme des centres commerciaux et ont pris des notes sur plus de 1 000 personnes qui parlaient et riaient. Ils ont découvert que la plupart des rires ne sont pas provoqués par des blagues, mais bien par des commentaires ordinaires faits par les gens. Ils ont également remarqué que les personnes qui parlaient riaient plus souvent que leurs interlocuteurs.

PAS DRÔLE
Une tarte à la crème

DRÔLE
Lancer une tarte à la crème

COMPLÈTEMENT HYSTÉRIQUE
Ta grand-mère qui lance une tarte à la crème

De drôles de sons

Quand des chercheurs ont analysé des enregistrements de rires, ils se sont aperçus que les sons du rire étaient similaires, peu importe qui parlait. Les gens produisent leur rire à partir de courtes notes d'environ 75 millisecondes, qui sont répétées toutes les 210 millisecondes (environ un cinquième de seconde). Les chercheurs ont également découvert qu'un rire «ha! ha! ha!» est rarement mélangé à un rire «ho! ho! ho!». Une autre chercheuse a trouvé que très peu de gens produisent vraiment des sons «ho! ho! ho!» et «hi! hi! hi!». Elle a plutôt entendu des sons de voyelles, comme «ha» et «oh».

ESSAIE ÇA !

Ha-di-ha-ha

À quel point est-il facile de reproduire certains sons de rire ? Essaie quelques-uns des sons proposés ci-dessous et vois lesquels te semblent naturels et lesquels on ne fait pas très souvent. Prends ta voix la plus forte.

(Si ton enseignant, ou le bibliothécaire, ou quelqu'un autour de toi te regarde bizarrement, tu n'as qu'à lui dire que tu fais une expérience scientifique. Si ça ne fonctionne pas, contente-toi de continuer à rire en le regardant. Ton rire sera peut-être contagieux.)

héhoha héhohahoha haho ha haaha hooohaaa

Hé-hé-hé-hé-hé

Ho-ho-ho-ho

Ho-ha-hé-ha-ho

Ha-ha-ha-ha-ha

Ha-ho-oh-haha

Ho-ha-ho-ha, hein ?

VAS-Y, PLEURE !

L'une des premières choses que tu as faites en entrant dans ce monde, c'est probablement ouvrir la bouche et pleurer un bon coup. Tu crois que tu pourrais verser quelques larmes en lisant ces histoires émouvantes ? Eh bien, si tu le fais, évite de les répandre sur cette page !

ATTENTION :

NE PAS PLEURER SUR CE LIVRE

SURTOUT PAS ICI !

CONTENU D'UNE LARME

Eau

Huiles

Protéines

Manganèse (un minéral qui, en trop grandes quantités, affecte l'humeur)

Glucose (miam, du sucre!)

Sels (miam, c'est salé!)

Mucine (une protéine gélatineuse dans la morve)

Urée (le truc dans ton pipi)

Pleurer nous rapproche

Tes larmes montrent aux autres comment tu te sens. Elles peuvent aussi détendre une situation tendue. Pleurer peut-il vraiment rapprocher les gens ? Supposons que tu es en colère contre une personne ; tu es tellement bouleversé que tu te mets à pleurer. Les larmes brouillent ta vue, tu baisses la garde, signe que tu as besoin d'aide. Tu es moins susceptible de t'en prendre à la personne qui t'a mis en colère. Et quand cette personne s'aperçoit que tu pleures, elle sera plus sympathique à ce que tu vis… du moins, c'est à souhaiter.

ES-TU UN ANIMAL ?

DES LARMES D'ALLIGATOR

As-tu déjà entendu l'expression « verser des larmes de crocodile » ? On l'utilise pour dire que quelqu'un fait semblant d'être triste. Bien qu'il n'existe aucune expression parlant de « larmes d'alligator », un spécialiste des alligators a décidé d'enquêter pour déterminer si ces proches parents des crocodiles pleurent vraiment. Les alligators étudiés avaient tendance à verser des larmes lorsqu'ils mangeaient sur la terre ferme. Il est peu probable que les alligators aient été bouleversés par leur repas, alors pourquoi pleuraient-ils ?

Il se peut que les alligators aient, comme nous, produit des larmes pour empêcher leurs yeux de se dessécher. Il se peut aussi que les larmes apparaissent à cause de tous les halètements et sifflements que ces animaux font en mangeant. L'air qui traverse leurs sinus forcerait du liquide dans les canaux lacrymaux. Ces reptiles semblent donc pleurer, alors qu'ils se contentent de savourer un bon repas.

ESSAIE ÇA !

Efface les larmes, efface le message

Dans le cadre d'une étude, on a demandé aux participants d'observer des photos de personnes en larmes. Sur certaines photos, on avait supprimé numériquement les larmes. Les participants ont trouvé les photos plus tristes lorsqu'ils voyaient les larmes. Sur les visages où les larmes avaient été effacées, certaines personnes lisaient des expressions différentes, comme la crainte, l'inquiétude ou la confusion.

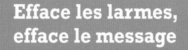

Cache les larmes sur cette photo avec les doigts. Quelle émotion vois-tu maintenant ?

QUEL MÉLODRAME !

EXPÉRIENCE

Le scientifique William H. Frey II et son équipe de chercheurs ont demandé à des volontaires de participer à une étude visant à comparer les larmes réflexes et les larmes émotionnelles.

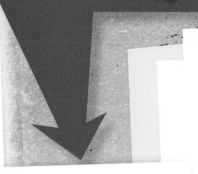

QUESTION

Le chercheur et biochimiste William H. Frey II s'est demandé : *Y a-t-il une différence entre les types de larmes que nous versons ?*

OBSERVATION

Nos yeux produisent constamment des larmes, soit environ un millilitre (un quart de cuillerée à café) par jour. Quand nos yeux réagissent à un irritant, les larmes sont appelées « larmes réflexes ». Nous versons des larmes émotionnelles quand nous nous sentons tristes, tendus, en colère ou même heureux.

STADE 1 : LES LARMES RÉFLEXES

Pour recueillir des larmes provoquées par un irritant, les chercheurs ont haché des oignons frais dans un mélangeur.

ÉTAPE 1

La chercheuse met les oignons dans le mélangeur.

ÉTAPE 2

La chercheuse demande au volontaire de se tenir la tête près des vapeurs d'oignon pendant environ trois minutes.

SNIF !

ÉTAPE 3

La chercheuse recueille les larmes du volontaire dans une éprouvette.

PLUS TARD CE JOUR-LÀ

La scientifique affamée prépare une soupe à l'oignon.

Une bonne
recherche
m'arrache
des larmes!

STADE 2: LES LARMES ÉMOTIONNELLES

Les volontaires reviennent la semaine suivante. Cette fois, les chercheurs leur font visionner des films tristes: *Le Champion*, *La Ballade de Ryan* et, au sommet du palmarès des mélodrames, *La Bourrasque*.

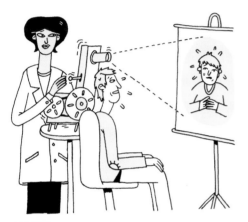

ÉTAPE 1

La chercheuse fait jouer un film triste.

ÉTAPE 2

Le volontaire est ému.

ÇA VA, CE N'ÉTAIT QU'UN FILM...

Snif

ÉTAPE 3

Le volontaire recueille lui-même ses larmes (question d'intimité).

PLUS TARD CE SOIR-LÀ

HA!

Le volontaire regarde sa comédie préférée.

RÉSULTATS

Les volontaires ont versé plus de larmes pendant un film triste que lorsqu'ils avaient les yeux irrités par les oignons. Mais la grande différence réside dans la composition des larmes elles-mêmes. Les larmes réflexes sont composées d'eau à 98 %. Les larmes émotionnelles renferment au-delà de 20 % de protéines de plus que les larmes réflexes.

RÉSUMÉ

Les larmes ne sont pas toutes pareilles; un phénomène unique se produit lorsque nous versons des larmes émotionnelles. Tout comme expirer et même aller aux toilettes, pleurer est un processus exocrine, c'est-à-dire une façon pour le corps d'éliminer les déchets ou les produits toxiques. Il est donc fort possible que, quand nous sommes tristes, nous pleurions littéralement des produits chimiques liés au stress. Ce processus aide notre corps à « revenir à la normale » et à évacuer le stress.

UN PETIT SOMME

Tu peux essayer tant que tu veux de rester éveillé, ton corps prendra tôt ou tard le dessus et tu ressentiras un besoin pressant de dormir. Tu passes près du tiers de ta vie à dormir, te laissant doucement dériver dans un autre monde…

Le sommeil en chiffres

Huit heures de sommeil par nuit, ça fait au total 56 heures par semaine, c'est-à-dire près de 3 000 heures de sommeil par année !

Pourquoi dormir?

Le sommeil aide le corps à se régénérer et à refaire le plein d'énergie. Il permet même de créer des souvenirs.

Un sommeil actif

Tu n'as peut-être pas l'impression de faire grand-chose quand tu dors, mais ton cerveau n'arrête jamais : il traverse des cycles réguliers tout au long de la nuit. Il existe deux types de sommeil : le sommeil paradoxal et le sommeil lent. Pendant une bonne nuit de sommeil, ton cerveau traverse 5 phases (4 de sommeil lent et une de sommeil paradoxal), à 4 ou 5 reprises, passant du sommeil lent au sommeil paradoxal toutes les 90 minutes environ.

Compter les rêves

Si les rêves se produisent surtout dans le sommeil paradoxal (voir à droite), et que cette phase revient 4 ou 5 fois chaque nuit, cela correspond à près de 2 000 rêves par année !

Apprends à connaître ton sommeil

Stade 1

Endormissement. On peut facilement se faire réveiller à ce stade. Tes muscles se contractent soudainement, comme si tu avais été surpris. Les mouvements des yeux débutent.

Stade 2

Sommeil léger. Les ondes cérébrales ralentissent et la température du corps diminue.

Stade 3

Sommeil profond. Les ondes cérébrales lentes se poursuivent au début du sommeil profond. Il est maintenant difficile de te réveiller.

Stade 4

Sommeil très profond. Tu n'as pas de mouvement des yeux ni d'activité musculaire. Si tu te fais réveiller, tu te sentiras sonné.

Stade 5

Sommeil paradoxal. Les yeux bougent dans tous les sens. Tu respires rapidement et de façon irrégulière. Tes membres sont immobiles. Ton rythme cardiaque s'accélère. La plupart des rêves ont lieu à ce stade.

Des rêves nauséabonds

Les odeurs ont-elles une incidence sur les rêves? Une équipe de chercheurs allemands a étudié 15 femmes pour répondre à la question. Les chercheurs ont relié les femmes à des machines qui produisent des odeurs. Une fois les femmes endormies et au stade de sommeil paradoxal, des odeurs de roses ou d'œufs pourris (ou aucune odeur) étaient soufflées dans leurs narines. Quand elles se réveillaient, les femmes racontaient leurs rêves et répondaient aux questions. La plupart des femmes ont eu des rêves agréables quand elles sentaient le parfum des roses, et des rêves désagréables avec l'odeur d'œufs pourris.

Tu peux rêver

Pourquoi rêvons-nous? Les experts ne s'entendent pas. Ce dont tu fais l'expérience dans un rêve pourrait être tiré de petites parcelles de ta mémoire, que tu interprètes comme une histoire quand tu te réveilles. Le rêve pourrait donc t'aider à façonner tes souvenirs. D'autres croient que les rêves représentent des idées ou des situations qui nous aident à interpréter et à résoudre les problèmes de notre vie quotidienne. Notre cerveau continue donc de travailler et de chercher des solutions à nos problèmes, même quand le reste de notre corps prend une pause.

HEIN?

ÇA VA?

;)

yo!

OUAIS!

PFF!?

:)

@+

hum...

mdr!

Chapitre 3

QUE DIS-TU ?

Tu ne peux pas t'empêcher de communiquer avec les gens qui t'entourent, que ce soit en parlant, en signant, en textant ou en écrivant. Mais communiquer, ce n'est pas seulement une question de langage. Ton corps envoie des messages à propos de ce que tu penses et ressens, même quand tu préférerais qu'il s'en abstienne.

Bien sûr, tu peux avoir l'impression d'avoir le contrôle sur le langage que tu utilises, mais *ce* que tu dis et *comment* tu le dis sont si étroitement liés qu'ils sont difficiles à séparer. Penses-y : peux-tu laisser tes mains totalement immobiles quand tu parles à quelqu'un, même au téléphone ? Est-il facile d'avoir l'air vraiment étonné quand quelqu'un a vendu la mèche à propos d'une fête « surprise » ?

Et qu'en est-il de ces fois où tu décides d'être sournois et de mentir ? Peux-tu demeurer impassible ou bien donnes-tu de petits indices qui révèlent la vérité ?

Que tu prononces ou non des mots, tu dis tout de même beaucoup de choses.

TON CORPS PARLE

Comment es-tu assis en ce moment ? Es-tu écrasé sur ta chaise ou assis bien droit ? Fais-tu dos aux autres personnes ou bien fais-tu face au centre de la pièce ? Sans dire un seul mot, tu envoies un message. Continue à lire pour voir ce que ton langage corporel peut *dire* d'autre.

Qu'est-ce que TU regardes ?

Les bras croisés

Croiser les bras sur la poitrine crée une barrière entre soi et les autres, ce qui pourrait être un signe de désaccord, de colère ou même de stress. Si tu te disputes avec quelqu'un, croiser les bras dit à l'autre personne que tu ne veux pas considérer son point de vue. Cela peut également être une façon de te réconforter toi-même (un peu comme si tu te faisais un câlin) pour soulager ton anxiété. Bien sûr, cela dépend de la personne et de la situation. Parfois, se croiser les bras est tout simplement confortable !

Bomber le torse

Redresser les épaules, gonfler la poitrine et planter solidement les pieds au sol, comme les guerriers, les gladiateurs et même les lutteurs professionnels aujourd'hui, sont des façons de paraître plus gros et plus effrayant. Se tenir bien droit et regarder quelqu'un de haut sont d'autres manières d'intimider ou de se sentir plus confiant.

Hausser les épaules

Courbe le dos, tourne les mains, paumes vers le haut, abaisse les coins de ta bouche et relève les sourcils. Ta posture révèle un état de soumission, et ton haussement d'épaules indique que tu t'excuses, que tu n'es pas intéressé ou même que tu es incrédule.

CLIN D'ŒIL !

CLIN D'ŒIL !

EUH... NON !

JE SUIS #1

Pas fait exprès...

Peu importe

Les mains derrière le dos

Quand tu gardes les mains derrière le dos, le torse et la poitrine sont entièrement exposés. Cela suppose une bonne dose de confiance en soi. Bref, c'est le contraire de se croiser les mains ou les bras devant la poitrine.

Les mains sur les hanches

Cette position indique que tu es rebelle ou têtue, et que tu es suffisamment confiante pour montrer que tu es sérieuse. De plus, tu occupes physiquement plus d'espace que tu si avais les bras le long du corps. Cela projette ton statut de personne responsable. Tape du pied en plus et tu diras ainsi ton impatience et ta frustration.

DES GESTES PARLANTS

Serrer, pointer, gesticuler : nos mains
sont toujours en mouvement…
et elles en ont long à dire.

Les gestes à l'œuvre

Que tu te trouves devant ton frère en train de
parler avec lui ou au téléphone à jaser avec un
ami qui ne peut même pas te voir, tes mains
envoient sans cesse des messages. C'est
une bonne chose. En effet, des recherches
ont montré que, lorsque tu arrêtes de faire
des gestes, tu as plus de difficulté à te
souvenir des mots que tu veux dire.

Parler avec les mains

Explique à quelqu'un que tu as «pêché un poisson long
comme ÇA» et vois si tu arrives à le dire sans faire de geste
pour montrer la taille de ta prise. Ou bien essaie de parler à
ton ami des merveilleux feux d'artifice que tu as vus sans
pointer le ciel. Les gestes et les signes de la main font
partie de notre façon de parler. Ils nous aident à communiquer un message et fournissent à notre interlocuteur
un visuel qui complète l'information transmise.

Place
la main
gauche ici

ZONE SANS GESTES

ESSAIE ÇA !

Tu crois pouvoir soutenir une conversation sans faire de gestes? Trouve
quelqu'un à qui parler, pense à un sujet vraiment excitant, puis pose les
mains dans la «Zone sans gestes» brevetée de *C'est plus fort que toi!*
Laisse tes mains là pendant que tu parles. Tout le temps.

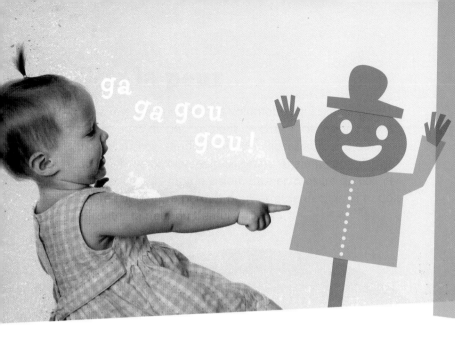

ga ga gou gou!

Droit au BUT

La plupart des bébés commencent à montrer du doigt avant de savoir parler. C'est pour eux une façon de communiquer sans mots. Dans une expérience, quand on lui montrait quelque chose d'intéressant, comme une marionnette, un bébé indiquait l'objet du doigt, mais uniquement lorsqu'une autre personne était présente pour le voir. Les bébés ne pointaient pas leur doigt vers les objets quand ils étaient seuls. Cela n'aurait servi à rien.

Saisir les mots

Les gestes aident les autres à te comprendre et t'aident aussi, littéralement, à saisir tes mots et tes idées quand tu parles. Supposons que ton enseignante te demande de venir devant la classe pour dire aux autres élèves tout ce que tu sais sur la laitue. Tu connais beaucoup de choses sur la laitue, n'est-ce pas? Mais tu parleras spontanément, tout en réfléchissant à ce que tu diras ensuite. Les gestes de la main t'aident à trouver tes mots : ronde, feuillue, croustillante, etc. Et les gestes contribuent à meubler les pauses, pendant que tu recueilles ces autres idées sur la laitue et les transformes en phrases. Peut-être même en salade.

DU JAMAIS VU

Des personnes non voyantes depuis leur naissance (qui n'ont donc jamais vu de gestes) utilisent les gestes aussi souvent que les voyants. On a même observé chez eux des comportements semblables, comme faire un geste en forme de C pour illustrer qu'on verse de l'eau d'un contenant.

Débuts de conversation pour lecteurs timides

Quel temps il fait!...

Hé, est-ce une crotte qui pend au bout de ton nez?

Est-ce que je t'ai déjà raconté la fois où _____?

Place la main droite ici

QUE DIT UN BÂILLEMENT ?

EXPÉRIENCE

Le scientifique Robert Provine a supposé que la plupart des gens bâillent quand ils se retrouvent dans une situation moins intéressante. Il a testé sa théorie de l'ennui en utilisant comme cobayes 30 étudiants de niveau collégial.

QUESTION

Le scientifique Robert Provine s'est demandé : *Pourquoi bâillons-nous ? Qu'est-ce qui influence la fréquence et la durée de nos bâillements ?*

OBSERVATION

Il est difficile de cacher nos vrais sentiments. Notre langage corporel nous trahit. Par exemple, il n'est pas facile de réprimer un bâillement. Il existe diverses opinions au sujet des bâillements, mais pas beaucoup d'indices qui permettraient d'expliquer pourquoi nous bâillons.

ÉTAPE 1

Asseoir la volontaire à un bureau dans une petite pièce privée, devant un écran vidéo.

ÉTAPE 2

Demander à la volontaire d'appuyer sur un bouton pour enregistrer chaque bâillement et sa durée.

ÉTAPE 3

Faire jouer des vidéoclips pendant 30 minutes.

ÉTAPE 4

Remercier la volontaire et la renvoyer chez elle, en lui demandant de revenir un autre jour.

Cette expérience est tout SAUF ennuyeuse !

ÉTAPE 5

La volontaire revient, mais, cette fois, elle regarde une vidéo de 30 minutes de barres de couleur.

ÉTAPE 6

Le scientifique rappelle à la volontaire d'appuyer sur le bouton pour enregistrer chaque bâillement et sa durée.

ÉTAPE 7

La volontaire appuie chaque fois qu'elle bâille.

PLUS TARD CE SOIR-LÀ

La volontaire fait reposer son doigt qui servait à appuyer sur le bouton.

RÉSULTATS

En moyenne, les personnes qui visionnaient les monotones barres de couleur bâillaient près de deux fois plus souvent que celles qui regardaient les vidéoclips. De plus, les bâillements des gens qui regardaient les barres de couleur duraient plus longtemps. Tant les hommes que les femmes bâillaient en regardant les barres de couleur, mais les bâillements des hommes duraient en moyenne quatre secondes, contre trois secondes pour ceux des femmes.

RÉSUMÉ

Nous bâillons plus souvent et plus longtemps quand nous sommes exposés à des choses ennuyeuses. Bâiller aide peut-être notre corps à s'installer dans un autre état, un peu comme de s'étirer lorsqu'on s'apprête à se détendre.

FAIS-TOI LA MAIN ICI !

Tes mains sont si expressives qu'elles possèdent leur propre langage. Elles peuvent aussi signifier des expressions différentes dans des cultures différentes. N'oublie pas de réviser les signes de la main pour t'assurer de savoir ce que tu communiques.

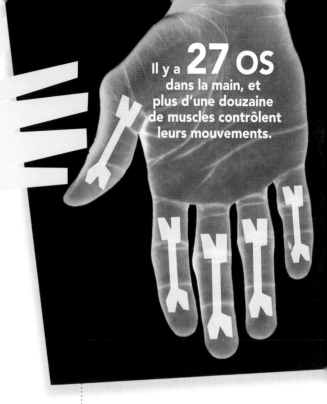

Il y a 27 OS dans la main, et plus d'une douzaine de muscles contrôlent leurs mouvements.

OK, d'accord ?

Les lettres OK ont été utilisées pour la première fois dans les années 1830 par un journal de Boston : c'était une blague pour dire « tout est bien ». Mais le O peut aussi vouloir dire « zéro », une chose qui est sans valeur. Le cercle ressemble aussi à la forme d'une pièce et, au Japon, ce symbole est utilisé pour demander de la monnaie.

Le signe en V

Le V a une longue histoire. Il existe des légendes, au sujet du signe en V, qui remontent à de nombreuses années. Mais ce signe a connu une grande popularité à partir du jour où le premier ministre britannique Winston Churchill a levé deux doigts pour former le V de la victoire au cours de la Seconde Guerre mondiale. Plus tard, dans des manifestations contre la guerre du Vietnam et d'autres guerres, des manifestants ont adopté le V comme symbole de paix. Et n'oublions pas le V immortalisé sur tant de photographies, lorsqu'on place deux doigts derrière la tête d'une personne pour lui faire des oreilles de lapin.

Les doigts croisés

Tu veux faire un vœu ? Ou éviter la malchance ? Ou même revenir sur ta parole ? Au début, croiser les doigts était une superstition. Une personne plaçait son index par-dessus l'index d'un ami, formant ainsi une croix pour « sceller » un vœu. Avec le temps, les doigts croisés sont devenus un geste qu'on fait pour attirer la chance.

La main du rock

Si tu cries « Rock, rock ! » à un concert, tu es assuré de voir ce célèbre geste de la main : le majeur et l'annulaire sont repliés et couverts par le pouce, laissant l'index et l'auriculaire dressés bien droit. Ces deux doigts ressemblent à une paire de cornes. Comment donc ce symbole est-il devenu populaire auprès des chanteurs de rock heavy métal un peu partout dans le monde ? À la fin des années 1970, un membre du groupe Black Sabbath, Ronnie James Dio, a commencé à faire ce signe aux spectateurs. Le geste est devenu populaire. Si tu te demandes d'où vient ce signe, eh bien, Dio l'a emprunté à sa grand-mère italienne ! Par ce geste de superstition, celle-ci repoussait le mauvais œil, une croyance selon laquelle des pensées négatives ou la jalousie d'une autre personne pouvaient nous causer du mal.

Le pouce levé, le pouce baissé

Quand tu montres à quelqu'un un pouce levé, tu veux habituellement dire que quelque chose est bien. Si tu pointes le pouce vers le bas, tu indiques que c'est mauvais. Les personnes qui font du pouce, ou de l'auto-stop, lèvent le pouce pour trouver quelqu'un qui les invitera à monter dans son véhicule. Les plongeurs lèvent le pouce pour signifier qu'il est temps de remonter à la surface. Le signe du pouce levé daterait de l'époque des combats de gladiateurs, dans la Rome antique. Quand un gladiateur était sur le point de l'emporter, les foules (ainsi que l'empereur romain) faisaient un geste de la main, soit en plaçant le pouce vers le haut, pour indiquer au vainqueur d'achever son adversaire, soit en cachant le pouce, pour signifier que la vie de l'autre combattant devait être épargnée.

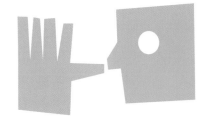

Le pouce sur le nez

Dans une célèbre étude, un groupe de chercheurs a montré 20 gestes connus (y compris les autres gestes présentés sur cette page) à plus de 1 000 personnes dans 25 pays. La plupart des gestes avaient plusieurs significations, mais le pouce sur le nez avait le sens le plus commun : se moquer de quelqu'un.

Surveille tes mains avant de danser au son du rock. Ce symbole rebelle n'est qu'à un pouce de lancer un message complètement différent. Enlève le pouce sur les deux doigts du centre et tends-le vers l'extérieur pour dire « Je t'aime » en langage des signes ASL (American Sign Language). Mais partager un peu d'amour, c'est toujours apprécié !

MENTEUR, MENTEUR !

Tout le monde a déjà, à un moment ou à un autre, enjolivé la vérité. Pourtant, tromper les autres n'est pas facile. Mentir suppose non seulement l'utilisation de mots, mais aussi la maîtrise de ton langage corporel. La plupart du temps, des signes non verbaux te trahiront.

Ton nez allonge !

D'accord, ton nez n'allongera pas vraiment, mais ton corps donnera d'autres signes révélant que tu es en train de mentir. Il se peut que tu te mettes à transpirer, que ton rythme cardiaque s'accélère et que ta respiration devienne plus profonde ou, au contraire, plus superficielle. Il se peut aussi que tes gestes ne soient plus en lien avec tes émotions. Affirmer que tu n'as pas vu quelque chose se produire quand en réalité tu l'as vu, puis attendre une fraction de seconde avant de hausser les épaules pourrait être très révélateur. Ces décalages sont appelés des « indices de tromperie ». Quand tu mens, ton esprit doit non seulement penser au mensonge que tu dis, mais aussi gérer tes sentiments à l'égard de la vérité. Tôt ou tard, un menteur finira par « trahir » une émotion cachée, dans une expression faciale ou une action.

Qui a volé le biscuit dans la boîte ?

Euh... eh bien, tu vois... hum... gloup.

évite le contact visuel

transpire

respiration superficielle

augmentation du rythme cardiaque

yeux rieurs

rire véritable

Les yeux ne mentent pas

Il y a de fortes chances que tu essaies de sourire quand tu mens (et ce n'est pas un mensonge). Mais si tu mens en affirmant que tu es heureux alors que tu ne l'es pas, ce sont souvent les yeux qui te trahiront. Un sourire est l'une des expressions faciales les plus faciles à reproduire, mais il est très difficile de faire un vrai sourire si tu n'es pas vraiment heureux. Un vrai sourire sollicite certains muscles autour des yeux. Seules 2 personnes sur 10 environ peuvent volontairement bouger le muscle entourant l'orbite de l'œil, le muscle orbiculaire, qui donne aux yeux vraiment souriants cet air «plissé» caractéristique.

JE T'AI EU !

Guette cet indice de tromperie

Un sourire qui dure un long moment est probablement un faux sourire. La plupart des gens qui sourient parce qu'ils sont vraiment heureux ne gardent cette expression faciale que pendant quatre ou cinq secondes.

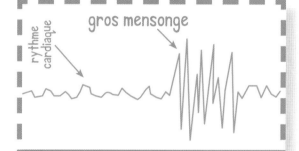

rythme cardiaque

gros mensonge

☆ Le détecteur de mensonges ☆

Pendant un interrogatoire, les policiers utilisent un détecteur de mensonges, ou polygraphe, pour suivre chez quelques suspects les changements corporels, comme les modifications du rythme cardiaque. Certaines questions sont non pertinentes (par exemple «Aimez-vous les ballons?») et servent à s'assurer du bon fonctionnement de l'appareil et à enregistrer les données pour la personne interrogée à l'état normal. D'autres questions sont des «mensonges possibles» (par exemple «Avez-vous volé ces ballons?»). Les résultats obtenus par le polygraphe sont utiles aux enquêteurs, mais ils ne sont pas acceptés comme preuve de culpabilité dans les tribunaux de plusieurs pays, parce qu'ils exigent une interprétation.

ESSAIE ÇA !

Mentir pour des légumes

Va voir la personne qui prépare ton repas et dis-lui que tu meurs d'envie de manger des choux de Bruxelles ce soir. Essaie d'être le plus convaincant possible. Te croit-on? Si tu mens, probablement pas. Peu importe les efforts que tu fais pour masquer ton dégoût, tu as probablement révélé tes véritables sentiments par une micro-expression, c'est-à-dire un éclair d'émotion qui montre ce que tu penses vraiment. Il se peut que ce sentiment de dégoût s'affiche sur ton visage pendant aussi peu qu'un dixième ou un quinzième de seconde. C'est peut-être assez rapide pour tromper certaines personnes, mais pas tout le monde.

ON PEUT PARLER ? :-)

> LES MOTS. Nous les utilisons sans arrêt. Même si nous pouvons communiquer avec nos mains et notre langage corporel, nous utilisons aussi un riche langage écrit et verbal.

Remplir les trous

Alors pourquoi les gens, hem, comme, font-ils des pauses quand ils parlent et, euh, utilisent des mots comme « euh » et « hem » ? Une étude a suggéré que nous utilisons un mot tampon toutes les 11 secondes de discours ou plus. Un mot tampon comme « hem » peut être utilisé quand la personne est prête à parler, mais n'a pas encore trouvé les mots justes. Certains chercheurs ont même suggéré que « hem » indique que la personne fera une longue pause entre les mots, alors que « euh » annonce une courte pause. Alors si tu te lèves pour parler devant la classe, assure-toi de bien te préparer avant pour, euh, éviter les « euh » et les « hem », pour que, hem, tu puisses exprimer clairement le message que, euh, tu veux transmettre.

Combien de mots ?

Quand Matthias Mehl, un scientifique, a voulu savoir combien de mots les gens utilisent vraiment, il a conçu l'EAR, l'Electronically Activated Recorder, un magnétophone activé de façon électronique. Ce minuscule appareil capte au hasard les sons et les conversations. Pendant 6 ans, et avec l'aide de près de 400 volontaires, l'équipe de Matthias Mehl a écouté de nombreuses heures d'enregistrement. Résultat : les femmes avaient utilisé en moyenne

16 215 mots par jour, alors que les hommes en avaient utilisé **15 669**,

une différence de seulement 546 mots. Cela suffit presque pour affirmer que les hommes parlent pratiquement autant que les femmes. La grande différence, les chercheurs l'ont constatée entre la personne la moins volubile, qui a utilisé seulement 695 mots, et la plus volubile, qui a utilisé près de 47 016 mots ! En passant, les deux étaient des hommes.

MOTS TAMPONS À UTILISER

euh
eh bien
hem
écoute
tu sais

MOTS TAMPONS À NE PAS UTILISER

yéti

boum !

caca d'oie

MOTS TAMPONS POUR TES VOYAGES

uh, um (anglais)
eh, em (hébreu)
eung, eo, ge (coréen)
øh, såå (danois)
ya'ani (arabe)

Des mots d'argot

Il est temps de parler de l'argot, fait de mots et d'expressions qui « se moquent » du langage correct. Souvent, l'argot est inventé par des jeunes qui aiment les jeux de mots, ou par des personnes qui utilisent des mots pour montrer leur appartenance à un certain groupe, les planchistes, par exemple. *Le Petit Robert* défit l'argot comme le « langage cryptique des malfaiteurs », mais aussi comme un « langage particulier à une profession, à un groupe de personnes, à un milieu fermé ». Si l'argot peut paraître inapproprié, il a toutefois sa signification. En tk, les mots qu'on utilise aujourd'hui ne sont pas encore dans le dictionnaire ! mdr ;-)

Texte ceci

Le langage SMS (*short message service*), aussi appelé « langage texto », est une forme de jargon qu'on écrit sur un téléphone cellulaire ou un ordinateur. Certains se plaignent du fait que les textos auraient un effet négatif sur la lecture et l'écriture, mais déchiffrer le langage SMS suppose tout de même une bonne connaissance de la structure de la langue et de la grammaire. Des recherches ont démontré que les messages textes sont plus rapides à écrire (ils utilisent moins de lettres), mais les lire à haute voix exige jusqu'à deux fois plus de temps que la lecture de messages écrits en français normal.

ES-TU UN ANIMAL ?
L'ABEILLE

Les animaux ne se servent pas de mots, mais ils communiquent quand même en utilisant des idées qui peuvent être liées, comme les mots le sont dans une phrase. Des observations scientifiques ont montré que même des animaux aussi petits que les abeilles créent des messages à partir de différents « mots ». Non, les abeilles ne se contentent pas de traîner autour de la ruche, discutant entre elles. Elles se parlent plutôt en utilisant des mouvements de danse.

Les abeilles se servent de danses uniques, comme la danse frétillante et la danse en rond, pour transmettre des messages précis à leurs compagnes de la ruche. Elles disent par exemple : « Miam, du bon nectar », « Yahou ! C'est loin, mais ça vaut la peine ! Je vais vous dire où l'on trouve LA meilleure nourriture » ou « La nourriture n'est pas loin, mais vous devrez me suivre pour la trouver, les copines ! » D'accord, je traduis assez librement, mais vous comprenez.

Chapitre 4

TOI + LE MONDE

Si tu es un être humain (c'est bien ce que tu es, n'est-ce pas ?), tu as besoin de vivre avec d'autres personnes. Que tu vives dans un petit village ou dans une ville animée, ta vie est faite de relations. Certaines sont très proches, par exemple avec tes amis, et d'autres sont plus distantes, comme avec un passant que tu croises dans la rue.

Ta façon de te comporter et la manière dont on se comporte avec toi sont influencées par ta relation avec les autres, selon que tu es un garçon ou une fille et selon la place que tu occupes au sein de ta famille.

Il n'est pas toujours facile de bien s'entendre avec tout le monde, de partager l'espace dans une classe, une maison et même à table. Pour arriver à s'en sortir quand ils sont avec d'autres, les êtres humains ont créé un système de règles pour s'assurer que personne ne devient trop stressé. Et avec 6,9 milliards d'êtres humains sur la planète, c'est une bonne chose.

FILLES ET GARÇONS

Tu n'avais pas besoin de ce livre pour apprendre que les filles et les garçons sont physiquement différents. Mais qu'en est-il de leur comportement ? Bien que la plupart des études démontrent qu'il y a beaucoup plus de ressemblances que de différences, les personnes qui étudient les sexes trouvent certaines variations. Ces caractéristiques s'appliquent-elles à toi ?

Dans une étude menée auprès de 360 personnes, les filles ont fait preuve de plus d'empathie, c'est-à-dire la capacité de comprendre ce que ressentent les autres personnes. Les filles sont peut-être meilleures que les garçons pour saisir le ton de la voix et les indices non verbaux des autres ?

Il se peut que les filles aient une meilleure «mémoire des lieux», ce qui veut dire qu'elles sont meilleures lorsqu'il s'agit de trouver des choses ou des objets dans un espace clos, comme une chambre.

Certaines recherches suggèrent que les filles ont plus de facilité que les garçons pour reconnaître les visages, surtout ceux d'autres filles.

Les mâles ont plus de facilité à reconnaître une figure simple dans une figure plus complexe.

Les garçons ont tendance à avoir une meilleure perception spatiale que les filles. Cela les rend habiles à lire des cartes ou à concevoir des objets en trois dimensions à partir d'images.

Les garçons semblent avoir un talent pour systématiser, c'est-à-dire analyser et explorer le fonctionnement des choses, d'un piano à un ordinateur, en passant par un écosystème, comme un étang.

Fais le singe

Pourquoi les filles jouent-elles avec des «jouets de fille», et les garçons, avec des «jouets de garçon»? Est-ce parce que ce sont les jouets que leur donnent les adultes? Notre société renforce-t-elle ce phénomène? Ou bien y a-t-il d'autres facteurs à considérer? Dans une étude, on a donné des jouets à de jeunes singes verts: une voiture, un ballon, une poupée, un chien en peluche et un livre d'images. Les singes verts mâles avaient tendance à interagir davantage avec le ballon ou la voiture, alors que plus de femelles manipulaient la poupée. Les interactions des mâles et des femelles avec le livre et le chien en peluche étaient équivalentes. Le scientifique qui a réalisé l'étude s'est demandé si le concept de jouet «pour fille» ou «pour garçon» ne provenait pas uniquement de la société. Il se peut que les mâles et les femelles soient attirés par certains types d'objets, un trait qui remonterait aussi loin qu'à l'époque des premiers êtres humains.

Pourquoi le X et le Y?

Les lettres X et Y désignent des chromosomes. Chaque cellule du corps humain renferme 23 paires de chromosomes, ce qui fait un total de 46 chromosomes par cellule. Tes chromosomes déterminent tout, de la couleur de tes cheveux et de tes yeux à ton sexe. Chez les filles, l'une des paires est constituée de deux chromosomes X. Les garçons ont plutôt une paire de XY. Ce sont ces deux jumelages qui déterminent qu'une fille est une fille, et qu'un garçon est un garçon.

METTRE DE L'ORDRE

Plusieurs choses ont une incidence sur ton comportement, y compris les membres de ta famille, ces personnes avec qui tu as passé toute ta vie. Le rang de ta naissance peut-il prédire comment tu vas agir? Certains chercheurs le croient. Ta personnalité cadre-t-elle avec un des profils suivants?

Le premier-né

Les premiers mots, les premiers pas, le premier caca: l'aîné d'une famille reçoit beaucoup d'attention dès qu'il entre en scène. Voici certaines caractéristiques souvent attribuées à un premier-né:

- tu es désireux de faire plaisir aux parents, ce qui signifie que tu ne seras probablement pas rebelle;
- tu es organisé et consciencieux;
- tu es un bon meneur – après tout, tu prends probablement soin de tes frères et sœurs plus jeunes;
- tu n'as pas besoin de partager la nourriture avec tes frères et sœurs (au début);

- tu es désigné comme gardien ou gardienne de service dans la famille.

SAVAIS-TU QUE...

Même dans un couple de jumeaux, le premier enfant à naître peut présenter certains des traits caractéristiques des aînés. Une enquête a montré que la plupart des gens élus au Congrès américain sont des premiers-nés.

L'enfant du milieu

Tu te sens pris en sandwich dans le milieu? Enfant cadet, ne t'en fais pas. Toi aussi, tu occupes une place spéciale dans la famille. Il n'y a rien de «moyen» à propos de tes caractéristiques:

- les parents s'inquiètent probablement moins à ton sujet, ce qui fait en sorte que tu es plus détendu;
- tu es probablement le responsable du maintien de la paix; tu as développé des habiletés pour bien t'entendre avec les autres;
- tes amis ont une grande importance dans ta vie;

- parce qu'il y a toujours quelqu'un de plus vieux ou de plus jeune que toi, tu as peut-être le sentiment de ne jamais avoir pleinement l'attention de tes parents.

SAVAIS-TU QUE...

Une étude s'est penchée sur le rang de naissance de près de 3 000 scientifiques ayant contribué à des changements majeurs au cours des 4 derniers siècles. Le chercheur a découvert que 23 des 28 révolutions scientifiques, comme la théorie de la sélection naturelle de Darwin et la découverte par Copernic que la Terre tourne autour du Soleil, ont été menées par des cadets.

Le plus jeune

Bien sûr, ils t'appellent le «bébé», même si tu as, disons, 10 ans! Mais être le plus jeune a aussi ses avantages:

- peut-être que tu peux te permettre des choses que tes aînés n'avaient pas le droit de faire;
- tu es probablement le clown de la classe; tu es prêt à tout pour faire rire;
- tu ne lâches pas facilement prise quand les choses ne tournent pas comme tu le veux;

- tu auras toute l'attention de tes parents quand tes frères et sœurs déménageront, mais, pour cela, tu devras attendre;
- tu n'auras probablement pas les mêmes louanges pour tes «premières», comme nouer tes lacets ou faire du vélo, tes frères et sœurs t'ayant devancé.

SAVAIS-TU QUE...

Des chercheurs ont trouvé que les enfants cadets étaient une fois et demie plus nombreux à pratiquer des sports risqués, comme le hockey. Et dans une étude de 700 garçons qui jouaient au baseball, les cadets étaient 10 fois plus susceptibles de voler des buts que les aînés.

HA! HA! JE SUIS LA MEILLEURE!

L'enfant unique

Pas de frère, pas de sœur, tu es l'étoile de la famille. Il se peut que tu brilles sous les projecteurs, mais continue ta lecture pour en savoir plus…

- côtoyer des adultes fait en sorte que tu agis avec plus de maturité;
- tu reçois 100% de l'attention de tes parents;
- tu n'as pas à partager les jouets ou la nourriture;

- tu pourrais être trop critique à ton égard;
- tu reçois beaucoup de pression de tes parents (voir 100% de l'attention des parents ci-dessus);
- tu pourrais devoir apprendre à développer des habiletés de collaboration, comme le partage, à l'extérieur de la maison.

SAVAIS-TU QUE...

Dans 2 enquêtes réalisées auprès de 300 étudiants universitaires, visant à examiner l'emploi que ceux-ci aimeraient occuper, les enfants uniques (et les premiers-nés) démontraient plus d'intérêt pour les emplois intellectuels, comme le travail de bureau ou des carrières en enseignement. Les cadets préféraient les activités extérieures et artistiques.

ES-TU UN ANIMAL?
LE HÉRON GARDE-BŒUFS

Si toutes ces histoires liées au rang de ta naissance te semblent injustes, compte-toi chanceux de ne pas être le cadet d'une famille de hérons garde-bœufs. Les mères hérons pondent leurs œufs sur une période de quelques jours et commencent à couver chaque œuf dès qu'il est pondu. En conséquence, les premiers œufs pondus éclosent aussi en premier, et ces petits hérons ont le meilleur choix dans les aliments que les parents rapportent, ce qui en laisse moins pour les plus jeunes.

Mais les choses pourraient être pires encore, si tu étais un animal comme une fourmi, un requin ou une guêpe. Pour avoir le dessus sur leurs frères et sœurs, les plus vieux MANGENT parfois les plus jeunes. Aïe!

TON ESPACE

Où es-tu installé pour lire ce livre ? Dans ta chambre ?
Ou bien dans une bibliothèque publique ? Tu n'y penses probablement
pas très souvent, mais l'étendue de l'espace autour de toi
a une influence sur ton comportement.

Quelle est ta zone ?

Quand deux animaux différents s'approchent l'un de l'autre, par exemple un lion et une antilope, jusqu'à une certaine distance, la proie (dans ce cas-ci, l'antilope) se sent à l'aise ; en deçà de cette distance, la proie se mettra à courir… ou bien le prédateur (le lion) attaquera. C'est ce qu'on appelle la «distance de fuite». Les animaux d'une même espèce qui vivent ensemble, comme une volée d'oiseaux, ne s'enfuient habituellement pas quand ils se rapprochent les uns des autres. Mais tu ne peux t'empêcher de te sentir mal à l'aise quand un étranger, un autre être humain, se tient assez près de toi pour te toucher. Le scientifique Edward Hall a mesuré les distances entre les gens et a déterminé comment elles influencent leur comportement.
Il a divisé notre espace personnel
en différentes zones.

ZONE 1 :
La distance intime
(du contact à 45 centimètres)

On se sent à l'aise de se tenir si près, pratiquement face à face, d'un être aimé. Mais avec un étranger, on se sentira mal à l'aise et à l'étroit. À cette distance, on peut assurément sentir l'odeur de l'autre et la chaleur de son corps. Il y a de fortes chances qu'on parle à voix basse ou qu'on chuchote.

Merci de ne pas crier.

ZONE 2 :
La distance personnelle
(de 45 centimètres à 1,2 mètre)

La distance personnelle est la distance à laquelle des personnes se tiendraient l'une de l'autre pour se serrer la main ou parler entre amis à la récréation. À cette distance, les gens se parlent d'une voix normale ; ils ne peuvent détecter la chaleur corporelle de l'autre. Mais si tu ne t'es pas brossé les dents, il se peut que l'autre le sente.

ZONE 4 :
La distance publique
(3,7 mètres ou plus)

Plus les gens s'éloignent les uns des autres, plus il est difficile de voir certains détails, comme la couleur des yeux. Un personnage public important, comme un grand chef d'État ou un membre d'une famille royale, garde une distance encore plus grande entre les autres et lui. Quand il prononce un discours, un personnage public parlera fort, en amplifiant ses expressions.

ZONE 3 :
La distance sociale
(de 1,2 mètre à 3,7 mètres)

La distance sociale est la distance que les gens conservent normalement entre eux, dans la salle d'attente de l'orthodontiste, par exemple. Quand tu parles avec quelqu'un, regarder l'autre dans les yeux contribue à lui faire savoir que tu l'écoutes. Plus les personnes sont éloignées l'une de l'autre, plus elles parlent fort.

L'invasion de l'espace personnel
Le jeu officiel de
C'est plus fort que toi !

Comment les gens se sentent-ils quand on envahit leur espace personnel ? Un jeu pour le découvrir !

Il te faudra

- un exemplaire de ce livre (*c'est génial, tu en as déjà un !*);
- un volontaire (*le mieux, ce sont les amis*);
- de l'espace (*ne pas jouer à ce jeu dans un placard*).

Règles du jeu

1. Tends les bras devant toi comme un zombie. Demande à ton partenaire d'en faire autant.
2. Tenez-vous assez loin l'un de l'autre pour que le bout de vos doigts se touche. Bravo ! Vous avez créé votre espace personnel.
3. Tenez-vous maintenant assez près l'un de l'autre, de façon à laisser entre vous une distance équivalente à la largeur de ce livre. Vous avez créé un espace intime !
4. Continuez de vous tenir ainsi et de vous regarder dans les yeux. Qui sera le premier à se sentir mal à l'aise et à s'éloigner ? Ton partenaire ou toi ? La dernière personne à rester sur place est déclarée GAGNANTE !

Trop près pour regarder

La prochaine fois que tu te retrouveras dans un ascenseur bondé, regarde autour de toi. Les étrangers fixent-ils les numéros des étages plutôt que de se regarder ? Quand l'espace personnel des gens est envahi, en particulier par des étrangers, ils serrent parfois les lèvres et regardent ailleurs, ou bien ils ferment les yeux pour éviter de croiser le regard de quelqu'un.

LE CONTRÔLE DES FOULES

Comment te sens-tu quand des étrangers se pressent autour de toi dans une file ? Dans certaines foules, ça se passe très bien – comme dans les files d'attente au cinéma ou à l'aréna –, mais d'autres foules peuvent te rendre fou. Quand on fait intrusion dans ton espace personnel, il se peut que tu sois incapable de contrôler tes réactions.

Les files d'attente

As-tu l'impression de toujours devoir faire la queue pour quelque chose : l'autobus, le gymnase, le cinéma ? Dans le monde de l'attente, il existe deux types de files : les files multiples, chacune conduisant à une personne (comme dans un comptoir de restauration rapide), ou une file unique qui serpente et conduit à plusieurs personnes (comme à la banque). Même si la file unique est plus longue, la plupart des gens la préfèrent, car elle fonctionne sur la base du premier arrivé, premier servi. Dans le cas des files multiples, il est toujours frustrant de voir quelqu'un nous dépasser et être servi plus rapidement que nous.

GARE-TOI !

Les stationnements peuvent parfois être bondés. Deux chercheurs ont étudié le comportement de centaines d'automobilistes dans des stationnements de centres commerciaux bondés, pour voir leurs réactions quand on les pressait. Ils ont même envoyé des voitures dans le but de presser des automobilistes qui essayaient de sortir de leur place de stationnement. Ils ont découvert que, lorsqu'une autre voiture attendait pour avoir sa place, la personne qui quittait le stationnement prenait en moyenne sept secondes de plus pour sortir. Quand l'automobiliste qui attendait se mettait à klaxonner, la personne qui partait ralentissait davantage et prenait 12 secondes de plus. Pourquoi ce délai ? Il se peut que les conducteurs, apercevant une autre voiture qui essayait d'obtenir leur place, soient devenus plus prudents. Il se peut aussi qu'ils aient tenté de protéger leur territoire (leur espace de stationnement), même si cela n'a aucun sens.

QUELLE TAILLE A TON CERCLE D'AMIS ?

Tu passes peut-être beaucoup de temps dans des foules, mais avec combien de personnes entretiens-tu une relation personnelle (amis, famille, collègues) ? Nous avons habituellement des contacts étroits avec plusieurs individus, même si les adultes s'en tiennent généralement à près de 150 personnes. Les adolescents se sentent plus à l'aise avec un cercle de 70 à 80 personnes.

On se bouscule à l'entrée !

T'est-il déjà arrivé de te tenir dans une boutique, à la recherche d'un article à acheter, et de te faire bousculer accidentellement par quelqu'un ? Si oui, tu sais à quel point ça peut être désagréable. Hein ? En visionnant des bandes vidéo, des chercheurs ont remarqué que les clients qui s'arrêtaient devant un présentoir à cravates situé à l'entrée d'une boutique étaient bousculés par les gens qui entraient et sortaient du magasin. Plus ils se faisaient bousculer, plus ils étaient susceptibles de quitter le présentoir… sans acheter de cravate. Quand les chercheurs ont révélé ces observations au gérant du magasin, celui-ci a éloigné le présentoir à cravates de l'entrée principale. Résultat ? Moins de bousculade et plus de cravates vendues.

LA FOURMI LÉGIONNAIRE

Nous avons tous déjà été coincés dans un embouteillage. Ce n'est pas agréable. Les humains devraient prendre exemple sur les fourmis légionnaires pour faciliter leurs déplacements et éviter de se retrouver coincés.

Lorsqu'elles mènent une razzia, des colonies de fourmis légionnaires se déplacent en groupes pouvant compter jusqu'à 200 000 fourmis, sur des pistes longues comme un terrain de football. Ça fait beaucoup de fourmis à maintenir disciplinées ! Quel est donc leur secret ? Les fourmis déposent des traînées de produits chimiques, qui indiquent aux fourmis qui suivent de rester dans la file et de se déplacer rapidement. Les fourmis placent même parfois leurs corps pour former un pont et permettre à leurs congénères de traverser les nids-de-poule ! C'est une chose de se déplacer toutes dans une même direction, mais quand les fourmis font demi-tour pour rentrer avec leur nourriture, elles créent une nouvelle file au centre. Les fourmis qui s'éloignent à grande vitesse suivent les files extérieures, facilitant les déplacements.

Bip! Bip!

Impoli!

FAISONS LA VAGUE

EXPÉRIENCE

Des scientifiques ont étudié des enregistrements vidéo de vagues dans des stades qui contenaient plus de 50 000 spectateurs. Ils ont examiné les mouvements des gens dans une vague et la naissance de celle-ci.

QUESTION

Des scientifiques de l'Université de Budapest, en Hongrie, se sont demandé : *Qu'est-ce qui permet à une foule immense de travailler ensemble et de coopérer rapidement ?*

OBSERVATION

Parfois, des milliers de partisans assistant à un événement sportif s'unissent et font la vague : un groupe de partisans se mettent debout au même moment et lèvent les bras, puis se rassoient, pendant que les partisans de la section suivante font le même mouvement, et ainsi de suite. Voilà un exemple étonnant d'une foule nombreuse qui travaille ensemble sans effort.

COMMENT FONCTIONNE UNE VAGUE DANS UNE FOULE

FIG. 1

La phase passive (assis).

ALLEZ, LES BLEUS!

FIG. 2

La phase active (debout).

FIG. 3

La phase de repos (de nouveau assis).

RÉSULTATS

Les scientifiques ont compris que la foule agit comme un « médium excitable », un groupe d'unités individuelles qui peuvent transmettre un signal aux autres membres dans une « vague », sans personne pour les diriger. Dans une foule immense, il faut que plusieurs partisans assis côte à côte se lèvent en même temps pour déclencher la vague et amorcer la phase active.

RÉSUMÉ

Une vague se produit seulement quand la foule est assise et commence à s'exciter. Si les partisans sont concentrés sur la partie, il ne peut y avoir de vague. Il ne faut pas non plus qu'ils s'ennuient trop. Pour former une bonne vague, il faut habituellement qu'environ 30 personnes la commencent, surtout dans un grand stade qui peut accueillir 50 000 personnes. Une fois enclenchée, une vague se déplace habituellement dans le sens des aiguilles d'une montre autour du stade, à une vitesse moyenne de 20 sièges par seconde. Au fur et à mesure que diminue l'excitation des gens, on observe une rupture assez courte du cycle, puis l'arrêt de la vague.

SORTIR EN PUBLIC

Félicitations ! Tu es presque arrivé à la fin de ce livre. Tu sens maintenant sans aucun doute que tu as le contrôle sur tes actions, n'est-ce pas ? Tu crois que tu es prêt à affronter le monde ? Ta façon de te comporter dépend de l'endroit où tu te trouves. Prêt à jouer selon les règles ?

On applaudit : OUI ou NON ?

Si tu sors pour aller voir un spectacle, tu auras probablement, à un certain moment, à manifester ton admiration. Quand le rideau se ferme à la fin d'une pièce et que les acteurs reviennent en scène pour saluer, il est impoli de ne pas les applaudir. Le problème, avec les applaudissements, c'est qu'ils dépendent du genre de spectacle qu'on va voir. Les vedettes d'un groupe de rock heavy métal seront contrariées si tu assistes à leur spectacle sans siffler ni hurler, sans lever le poing dans les airs. Mais si tu essaies cela pendant un concert de musique classique, tu te feras assurément expulser ! Tu dois garder le silence jusqu'à la toute fin d'une symphonie pour exprimer ton respect pour les musiciens. Le guide pratique de la page suivante te permettra de réviser toutes les règles que tu devrais connaître pour bien te comporter quand tu assistes à un concert.

À table

Pas si fort !

Bien se tenir à table : les règles semblent infinies pour indiquer comment s'asseoir, quel ustensile utiliser et quand sortir de table. Elles existent depuis des années. Il y a même des gens qui écrivent des livres là-dessus. L'un des premiers livres sur les bonnes manières, *La civilité puérile*, a été écrit en 1530 par Érasme de Rotterdam. Grandement populaire à son époque, l'ouvrage présente certains conseils qui seraient déplacés de nos jours. Par exemple, si tu avais commencé à mastiquer un morceau de nourriture trop gros pour être avalé, Érasme suggérait de te retourner discrètement et de jeter le morceau. Il proposait aussi de comprimer ton ventre pour éviter de péter à table. C'est bon à savoir.

Après vous.

Prends ta fourchette.

Excusez-moi.

TIENS-TOI DROIT !

Ne fais pas de bruit en mangeant !

Dis s'il vous plaît et merci !

Ne mange pas la bouche ouverte !

Les gros mots #@!*

Les jurons ne sont que des mots, mais ils peuvent offenser. Nous jurons habituellement quand nous voulons parler avec émotion ou susciter une réaction. On a comparé les jurons à l'utilisation du klaxon en voiture : on peut s'en servir en signe de joie ou de surprise, mais c'est le plus souvent pour exprimer de la colère. Une recherche a démontré que les deux tiers des utilisations de jurons sont liées à la frustration ou à la colère. Et pourquoi dire des jurons est-il considéré comme une impolitesse ? Cela date peut-être du 17e siècle, en Angleterre, quand un groupe de personnes qui voulaient changer les façons de faire ont conçu l'idée qu'un mauvais langage convenait aux gens moins éduqués, impliquant ainsi que, pour s'élever dans la société, il fallait éviter d'utiliser certains mots. Zut alors !

Bien se tenir au concert : les notions de base

Concert classique

- Reste assis.
- Habille-toi chic.
- Ne fredonne pas les airs.
- N'applaudis pas entre les mouvements.
- Éteins ton téléphone cellulaire.

Concert rock

- Lève-toi, lance ton poing dans les airs.
- Porte des jeans déchirés et du cuir.
- Crie les paroles le plus fort possible.
- Deviens hystérique entre chaque chanson.
- Pendant les ballades, sers-toi de la lumière de ton cellulaire pour onduler au rythme de la musique.

N'OUBLIE PAS TES BONNES MANIÈRES

Pourquoi penser aux « bonnes » et aux « mauvaises » manières ? Ce sont des choses que nous devons apprendre et que tes parents aiment probablement te rappeler. Les manières sont étranges. Selon l'endroit du monde où tu habites, certains comportements habituellement « mauvais » – faire un rot après un repas, par exemple –, pourraient même être considérés comme polis. Il suffit de savoir comment te comporter correctement dans une situation. Les bonnes manières permettent aux gens d'avoir un sentiment de sécurité quand ils se trouvent dans un groupe et dans un environnement social, comme une école, une salle de cinéma ou un restaurant. Si nous savons ce qu'on attend de nous et si nous respectons les règles, notre comportement ne contrariera pas les autres et nous ne serons pas stressés à l'idée de trouver comment nous comporter dans chaque situation nouvelle. Et cela nous fait du bien à tous.

Nous y voilà. C'est la fin du livre. Enfin, presque.

Alors qu'en penses-tu ? Contrôles-tu vraiment tes actions ? Ou bien est-ce plus fort que toi, parce que tu es un animal sauvage et fou ?

Ce n'est pas à moi de le dire. Je sais où je me situe.

Et toi ?

Index

De Jeff Szpirglas, dans la même collection :

100 % DÉGOÛTANT !
Guide de toutes les choses répugnantes de ce monde
Illustrations de Michael Cho

100 % FARFELU !
Guide de toutes les choses bizarres et loufoques que font les gens
Illustrations de Dave Whamond

100 % TERRIFIANT !
Guide des choses effrayantes, horrifiantes et qui donnent froid dans le dos la nuit
Illustrations de Ramón Pérez

Remerciements

Écrire un livre comme celui-ci veut dire consulter plusieurs autres sources : livres, magazines, journaux, Internet. Les spécialistes dans leurs domaines respectifs, qui ont accepté de vérifier les faits énoncés dans ce livre, sont tout aussi importants.

Tous ensemble, un tonnerre d'applaudissements pour : Gerianne M. Alexander, Ph. D., Université A&M du Texas ; Thomas R. Alley, Ph. D., Université Clemson ; Adam K. Anderson, Ph. D., département de psychologie, Université de Toronto ; Barbara Annis, auteure de *Leadership & the Sexes* ; Jo-Anne Bachorowski, Ph. D., Université Vanderbilt ; Robert A. Baron, Ph. D., professeur d'entrepreneuriat Spears, Université d'État de l'Oklahoma ; Tavis J. Basford, MD ; Donald W. Black, MD, Université de l'Iowa ; Trevor Case, Ph. D., Université Macquarie ; Hanah Chapman, Laboratoire de cognition et d'affect, Université de Toronto ; Jeanne F. Duffy, Ph. D., École de médecine de Harvard ; Robin Dunbar, Ph. D., Université d'Oxford ; Andrew J. Elliot, Ph. D., Université de Rochester ; Karen Emmorey, Ph. D., Université d'État de San Diego ; professeur Jay Fisher, Université Yale ; Jim Fisher, Ph. D., Université Edinboro de Pennsylvanie ; Jean E. Fox Tree, Ph. D., Université de Californie, Santa Cruz ; Fabia Franco, Ph. D., Université Middlesex (Londres, R.-U.) ; Mark G. Frank, Ph. D., Université à Buffalo, Université d'État de New York ; Nigel Franks, Ph. D., Université de Bristol ; William H. Frey II, directeur du centre de recherches sur la maladie d'alzheimer, Regions Hospital, St Paul, MN ; Carol Kinsey Goman, auteure de *The Nonverbal Advantage* ; Paul Greenbaum, Ph. D., Université de South Florida ; Stanford W. Gregory, Jr, Ph. D., Université d'État Kent ; Phillip Haddy, Université Hawkeyes de l'Iowa ; Christine Harris, Ph. D., Université de Californie, San Diego ; Oren Hasson, Ph. D., Tel-Aviv, Israël ; Peter Hepper, Ph. D., Université Queen's, Belfast ; Russell A. Hill, Ph. D., Université Durham ; Wendy L. Hill, Ph. D., Collège Lafayette ; Kay E. Holekamp, Ph. D., Université d'État du Michigan ; Timothy Jay, Ph. D., Collège d'arts libéraux du Massachusetts ; Nenagh Kemp, Ph. D., Université de Tasmanie ; Eric Kramer, Ph. D., Collège Bard à Simon's Rock ; Richard Larson, Ph.D., Massachusetts Institute of Technology ; Frederick T. L. Leong, Ph. D., Université d'État du Michigan ; professeur Tony McEnery, Université Lancaster ; Matthias R. Mehl, Ph. D., Université de l'Arizona ; Ronald E. Milliman, Ph. D., Université Western Kentucky ; Nick Neave, Ph.D., Université Northumbria ; Robert Provine, Ph. D., Université du Maryland, Baltimore County ; Barry Ruback, Ph. D., Université d'État de Pennsylvanie ; Graeme Ruxton, Ph. D., Université de Glasgow ; Danielle St-Onge, épouse ; Joel F. Sherzer, Ph. D., Université du Texas à Austin ; Charles Spence, Ph. D., Université d'Oxford ; H. Dieter Steklis, Ph. D., Université de l'Arizona ; Boris A. Stuck, MD, Hôpital universitaire Mannheim ; Frank J. Sulloway, Ph. D., Université de Californie, Berkeley ; Joshua M. Susskind, Laboratoire de cognition et d'affect, Université de Toronto ; Nan M. Sussman, Ph. D., Collège de Staten Island, CUNY ; Kent A. Vliet, Ph. D., Université de Floride. Un grand merci également à mes éditrices extraordinaires, Maria Birmingham et Anne Shone.

Toutes les photos sont libres de droits (iStockphoto, Dreamstime, Photolibrary, Shutterstock), sauf celle de la page 57 (fourmi légionnaire) : John Mason / Ardea.com.